AF201369

Impressum
Verlag: BABADADA GmbH, Nedderfeld 112 , 22529 Hamburg
Geschäftsführer / Verlagsleitung: Harald Hof
Druck: Books on Demand GmbH, In de Tarpen 42, 22848 Norderstedt

Imprint
Publisher: BABADADA GmbH, Nedderfeld 112 , 22529 Hamburg, Germany
Managing Director / Publishing direction: Harald Hof
Print: Books on Demand GmbH, In de Tarpen 42, 22848 Norderstedt, Germany

escuela
iskola

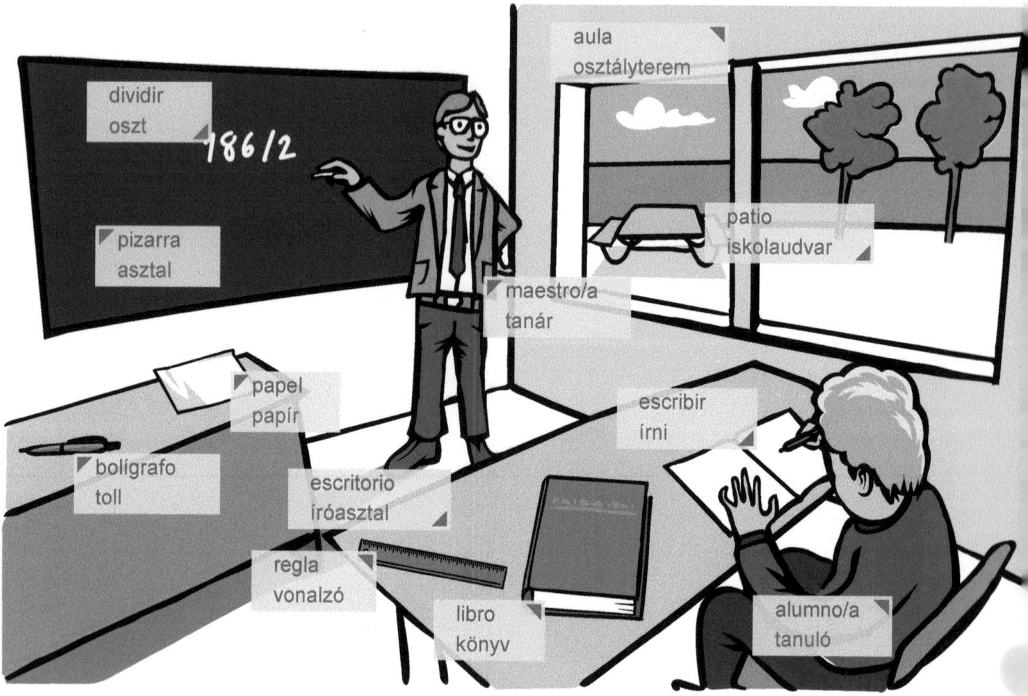
aula
osztályterem
dividir
oszt
186/2
pizarra
asztal
patio
iskolaudvar
maestro/a
tanár
papel
papír
escribir
írni
bolígrafo
toll
escritorio
íróasztal
regla
vonalzó
libro
könyv
alumno/a
tanuló

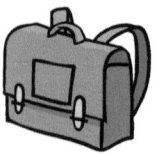

cartera
iskolatáska

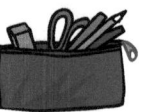

caja de lápices
tolltartó

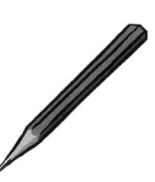

lápiz
ceruza

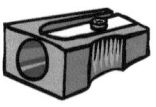

sacapuntas
ceruzahegyező

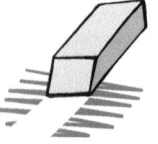

goma de borrar
radír

cuaderno de dibujo
rajzfüzet

dibujo
rajz

pincel
ecset

caja de pinturas
festőkészlet

tijeras
olló

pegamento
ragasztó

cuaderno de ejercicios
munkafüzet

deberes
házi feladat

número
szám

sumar
összead

restar
kivon

multiplicar
szoroz

calcular
számol

letra
betű

alfabeto
ABC

palabra
szó

texto

szöveg

leer

olvasni

tiza

kréta

lección

tanóra

cuaderno de notas

napló

examen

vizsga

certificado

bizonyítvány

uniforme escolar

iskolai egyenruha

educación

oktatás

enciclopedia

enciklopédia

universidad

egyetem

microscopio

mikroszkóp

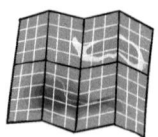

mapa

térkép

papelera

papír-hulladék gyűjtő

viaje
utazás

hotel
hotel
Grand
albergue
szállás
ROOMS
oficina de cambio de divisas
valutaváltó iroda
maleta
bőrönd
coche
autó

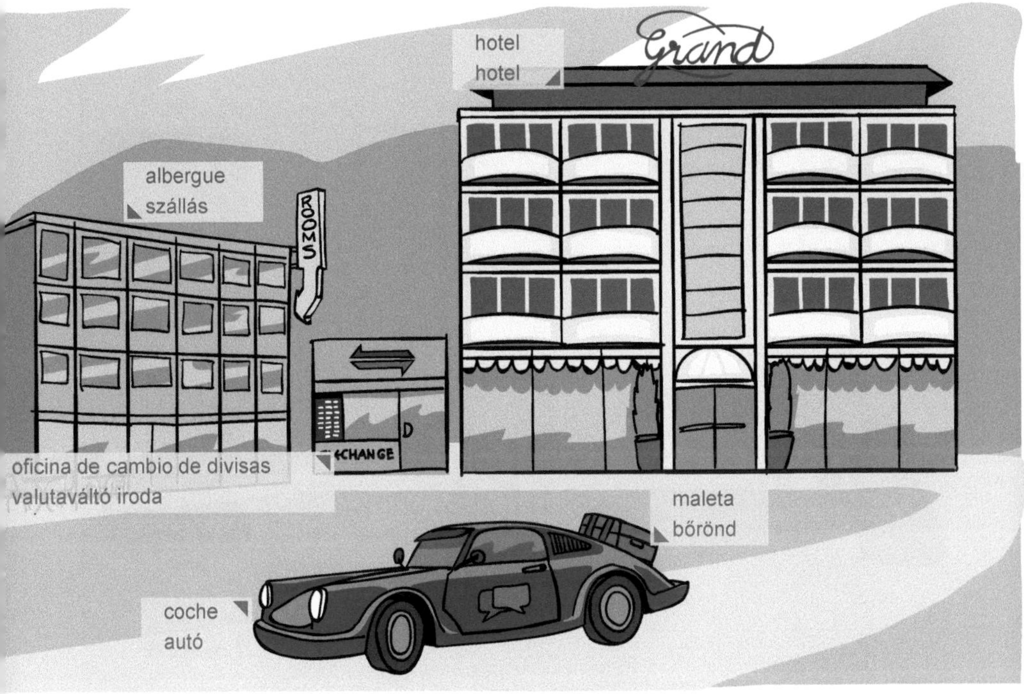

idioma

nyelv

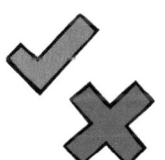

sí / no

igen/nem

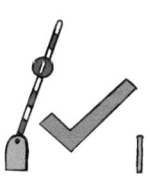

Vale

rendben

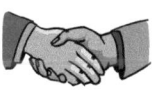

hola

szia

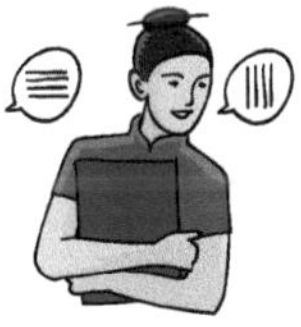

traductor

fordító

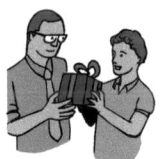

Gracias

köszönöm

¿cuánto es...?

mennyibe kerül...?

No entiendo

nem értem

problema

probléma

¡Buenas tardes!

Jó estét!

¡Buenos días!

jó reggelt!

¡Buenas noches!

jó éjszakát!

adiós

viszontlátásra

dirección

útirány

equipaje

poggyász

bolsa

táska

mochila

hátizsák

invitado

vendég

habitación

szoba

saco de dormir

hálózsák

tienda de campaña

sátor

información turística
turista információ

playa
strand

tarjeta de crédito
hitelkártya

desayuno
reggeli

almuerzo
ebéd

cena
vacsora

billete
jegy

ascensor
lift

sello
bélyeg

frontera
határ

aduana
vám

embajada
nagykövetség

visa
vízum

pasaporte
útlevél

viaje - utazás

transporte
közlekedés

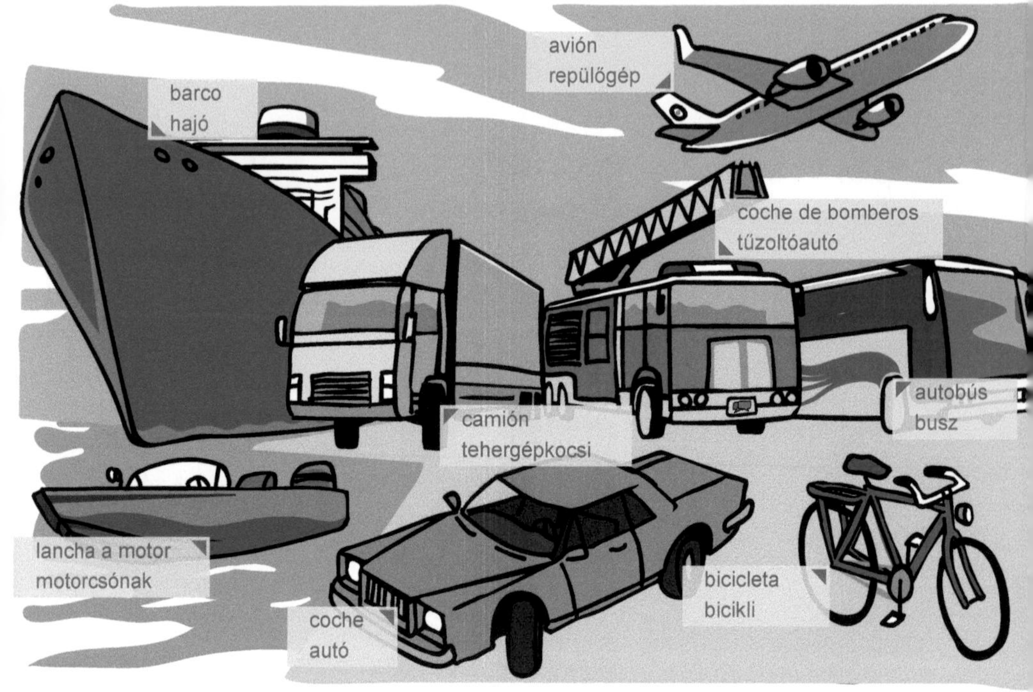
avión
repülőgép
barco
hajó
coche de bomberos
tűzoltóautó
autobús
busz
camión
tehergépkocsi
lancha a motor
motorcsónak
bicicleta
bicikli
coche
autó

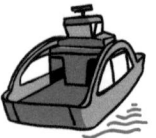

transbordador

komp

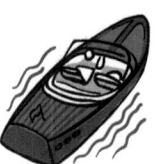

barca

csónak

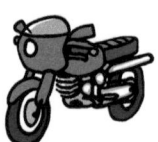

moto

motorkerékpár

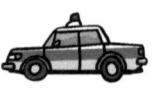

coche de policía

rendőrautó

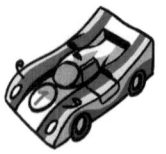

coche de carreras

versenyautó

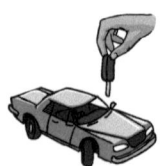

coche de alquiler

bérautó

préstamo de vehículos

telekocsi

grúa

vontató

camión de la basura

szemetes autó

motor

motor

gasolina

üzemanyag

gasolinera

benzinkút

señal de tráfico

közlekedési tábla

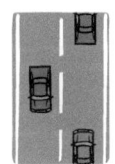

tráfico

forgalom

atasco

forgalmi dugó

aparcamiento

parkoló

estación de tren

vonatállomás

vías

sínek

tren

vonat

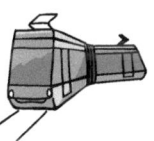

tranvía

villamos

vagón

vagon

helicóptero

helikopter

aeropuerto

repülőtér

torre

torony

pasajero

utas

contenedor

konténer

caja de cartón

kartondoboz

carretilla

taliga

cesta

kosár

despegar / aterrizar

felszáll / leszáll

ciudad

város

pueblo

falu

centro de ciudad

városközpont

casa

ház

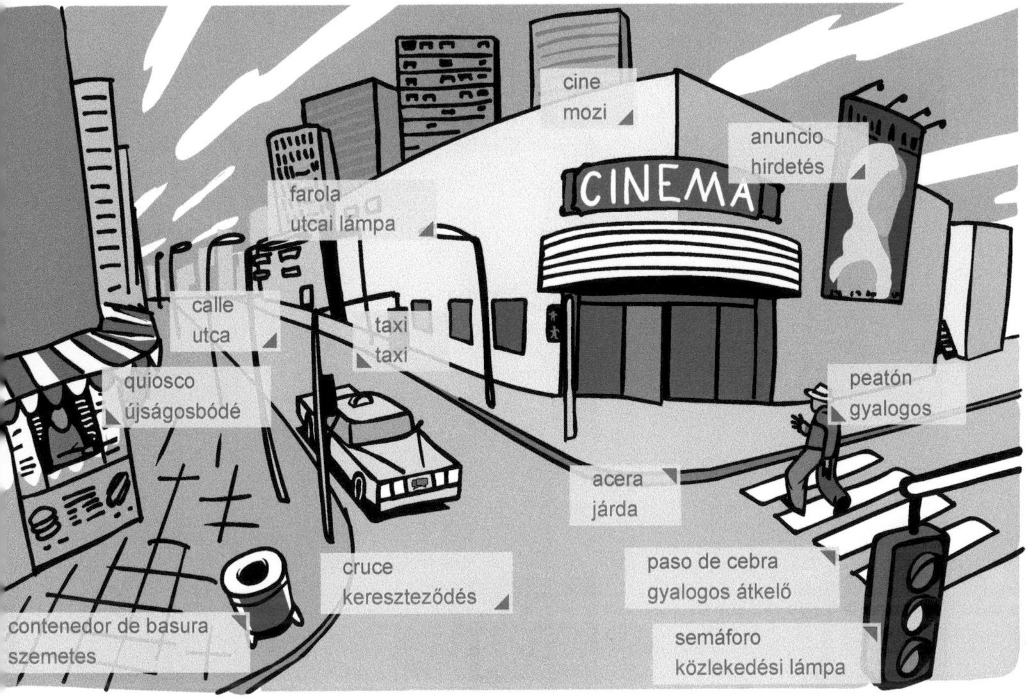

cine
mozi

anuncio
hirdetés

farola
utcai lámpa

CINEMA

calle
utca

taxi
taxi

quiosco
újságosbódé

peatón
gyalogos

acera
járda

cruce
kereszteződés

paso de cebra
gyalogos átkelő

contenedor de basura
szemetes

semáforo
közlekedési lámpa

cabaña
....
kunyhó

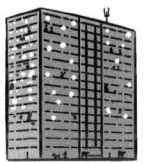

apartamento
....
lakás

estación de tren
....
vonatállomás

ayuntamiento
....
városháza

museo
....
múzeum

escuela
....
iskola

ciudad - város

universidad

egyetem

banco

bank

hospital

kórház

hotel

hotel

farmacia

gyógyszertár

oficina

iroda

librería

könyvesbolt

tienda

üzlet

floristería

virágüzlet

supermercado

szupermarket

mercado

piac

grandes almacenes

áruház

pescadería

halárus

centro comercial

bevásárló központ

puerto

kikötő

parque

park

banco

pad

puente

híd

escaleras

lépcső

metro

metró

túnel

alagút

parada de autobús

buszmegálló

bar

bár

restaurante

étterem

buzón

postaláda

poste indicador

utcatábla

parquímetro

parkoló óra

zoo

állatkert

piscina

uszoda

mezquita

mecset

granja
gazdálkodás

contaminación
környezetszennyezés

cementerio
temető

iglesia
templom

patio de juego
játszótér

templo
szentély

paisaje
táj

hoja
levél

señal
útjelző tábla

camino
út

prado
rét

piedra
kő

excursionista
túrázó

árbol
fa

río
folyó

hierba
fű

flor
virág

valle

völgy

colina

domb

lago

tó

bosque

erdő

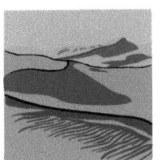

desierto

sivatag

volcán

vulkán

castillo

kastély

arcoíris

szivárvány

champiñón

gomba

palmera

pálmafa

mosquito

szúnyog

mosca

légy

hormiga

hangya

abeja

méhecske

araña

pók

escarabajo

bogár

rana

béka

ardilla

mókus

erizo

sündisznó

liebre

nyúl

lechuza

bagoly

pájaro

madár

cisne

hattyú

jabalí

vaddisznó

ciervo

szarvas

alce

rénszarvas

presa

gát

turbina eólica

szélturbina

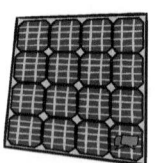

panel solar

napelem

clima

éghajlat

restaurante
étterem

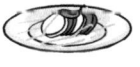

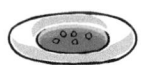

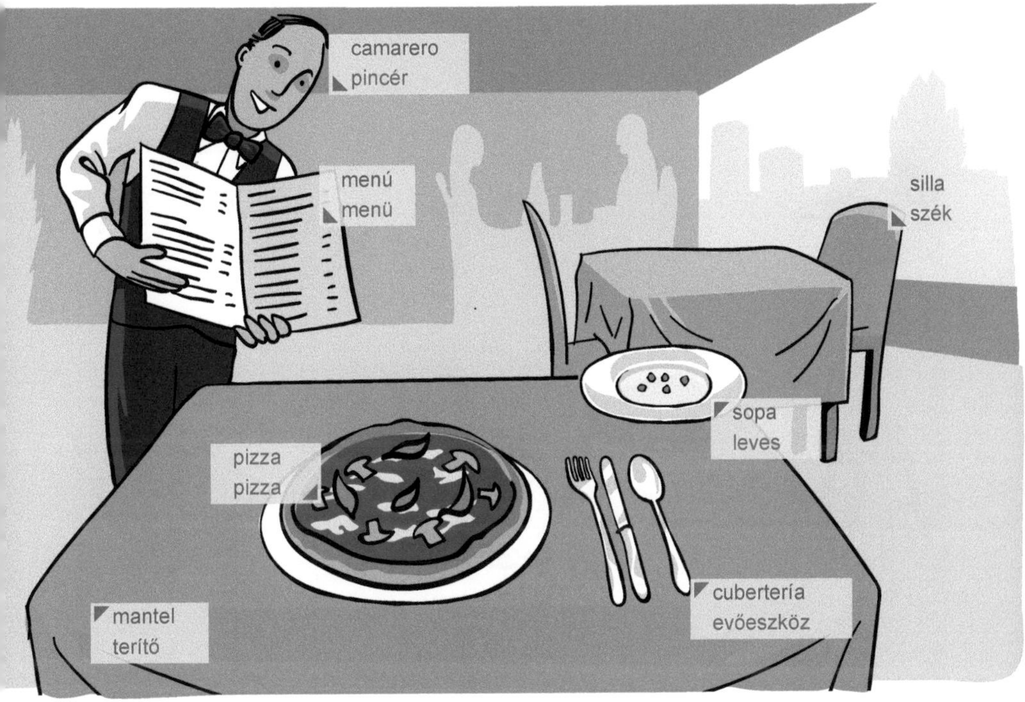
camarero
pincér
menú
menü
silla
szék
sopa
leves
pizza
pizza
cubertería
evőeszköz
mantel
terítő

primer plato

előétel

plato principal

főétel

postre

desszert

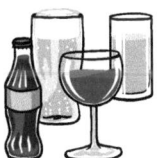

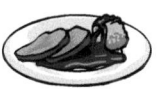

bebidas

italok

comida

étel

botella

üveg

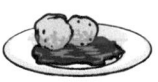

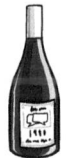

comida rápida

gyorsétel

comida callejera

gyorsétel

tetera

teás kanna

azucarero

cukortartó

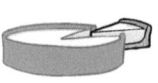

porción

adag

cafetera expreso

eszpresszógép

trona

bárszék

cuenta

számla

bandeja

tálca

cuchillo

kés

tenedor

villa

cuchara

kanál

cucharilla

teáskanál

servilleta

szalvéta

vaso

pohár

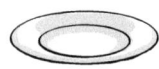

plato
tányér

plato hondo
leveses tányér

platillo
csészealj

salsa
szósz

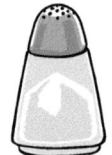

salero
sószóró

molinillo de pimienta
borsőrlő

vinagre
ecet

aceite
étkezési olaj

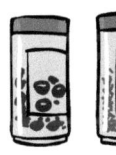

especias
fűszerek

ketchup
ketchup

mostaza
mustár

mayonesa
majonéz

supermercado
szupermarket

oferta especial
különleges ajánlat
cliente
ügyfél
lácteos
tejtermék
fruta
gyümölcsök
carro de la compra
bevásárló kocsi

BUTCHERS

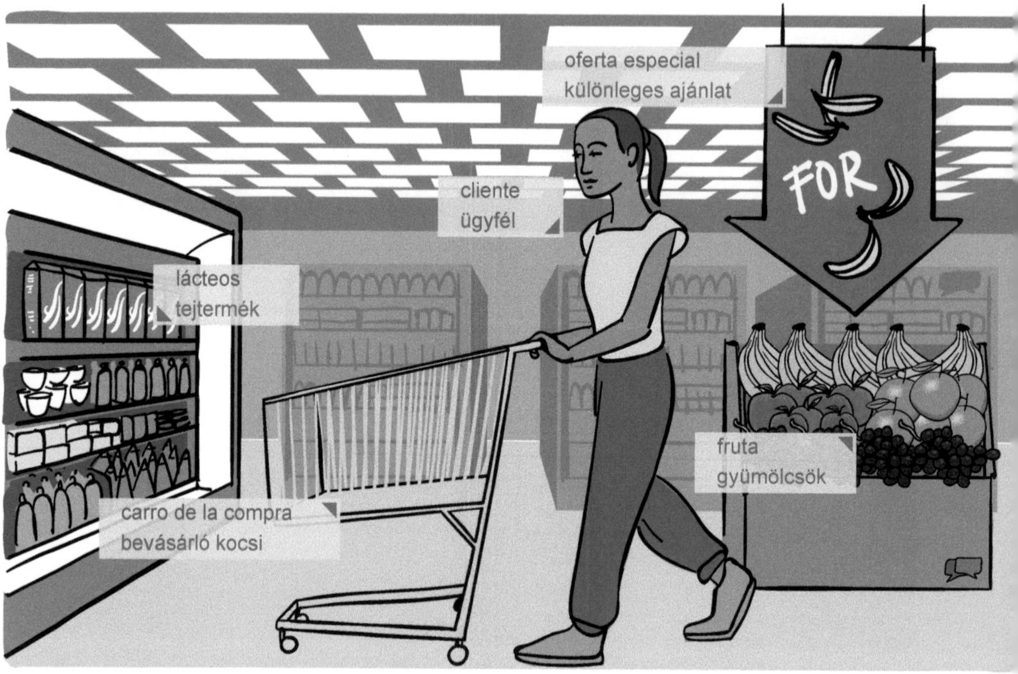

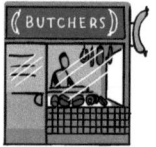

carnicería

hentes

BAKERY

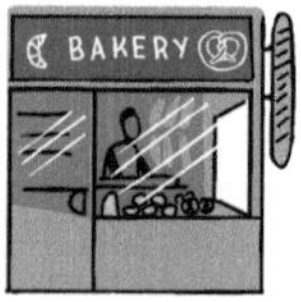

panadería

pékség

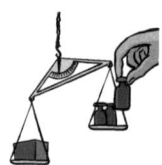

pesar

nyom valamennyit

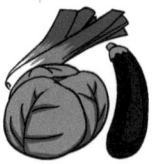

verduras

zöldség

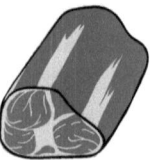

carne

hús

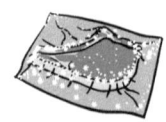

alimentos congelados

fagyasztott áru

fiambres

felvágott

conservas

konzerv

detergente en polvo

mosópor

dulces

édességek

productos de uso doméstico

háztartási termék

productos de limpieza

tisztítószerek

vendedora

eladó

caja

pénztárgép

cajero

eladó

lista de la compra

bevásárló lista

horario de atención al
público

nyitva tartás

cartera

levéltárca

tarjeta de crédito

hitelkártya

bolsa

zacskó

bolsa de plástico

műanyag zacskó

agua

víz

zumo

gyümölcslé

leche

tej

cola

kóla

vino

bor

cerveza

sör

alcohol

alkohol

cacao

kakaó

té

tea

café

kávé

expreso

eszpresszó

capuchino

kapucsínó

plátano
banán

manzana
alma

naranja
narancs

melón
sárgadinnye

limón
citrom

zanahoria
sárgarépa

ajo
fokhagyma

bambú
bambusz

cebolla
hagyma

champiñón
gomba

avellanas
magvak

fideos
nokedli

espagueti

spagetti

arroz

rizs

ensalada

saláta

patatas fritas

sült krumpli

patatas fritas

sült burgonya

pizza

pizza

hamburguesa

hamburger

sándwich

szendvics

filete

hússzelet

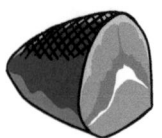

jamón

sonka

salami

szalámi

salchicha

kolbász

pollo

csirke

asado

pecsenye

pescado

hal

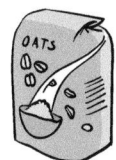

copos de avena

zabkása

muesli

müzli

copos de maíz

kukoricapehely

harina

liszt

cruasán

croissant

panecillo

zsemle

pan

kenyér

tostada

pirítós kenyér

galletas

keksz

mantequilla

vaj

cuajada

túró

pastel

sütemény

huevo

tojás

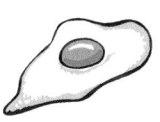

huevo frito

tükörtojás

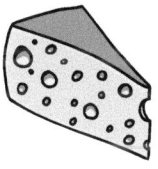

queso

sajt

helado

jégkrém

azúcar

cukor

miel

méz

mermelada

lekvár

crema de turrón

mogyorókrém

curry

curry

granja
gazdálkodás

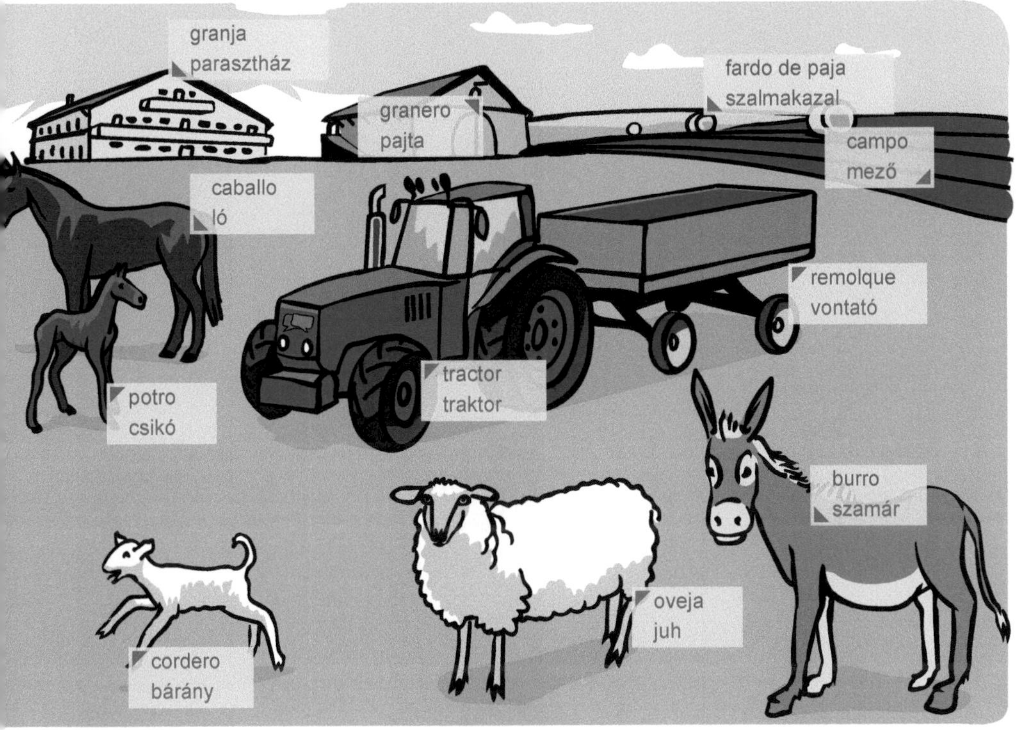
granja
parasztház
granero
pajta
fardo de paja
szalmakazal
campo
mező
caballo
ló
remolque
vontató
potro
csikó
tractor
traktor
burro
szamár
oveja
juh
cordero
bárány

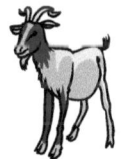

cabra
kecske

vaca
tehén

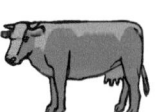

ternero
borjú

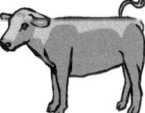

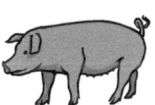

cerdo
malac

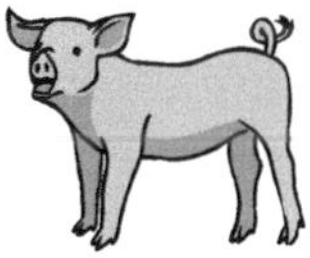

cerdito
kismalac

toro
bika

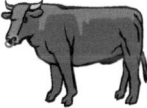

ganso
....
liba

pato
....
kacsa

pollo
....
csibe

gallina
....
tojó

gallo
....
kakas

rata
....
patkány

gato
....
macska

ratón
....
egér

buey
....
ökör

perro
....
kutya

perrera
....
kutyaház

manguera
....
kerti öntözőcső

regadera
....
öntözőkanna

guadaña
....
kasza

arado
....
eke

hoz
....
sarló

azada
....
kapa

horca
....
vasvilla

hacha
....
fejsze

carretilla
....
talicska

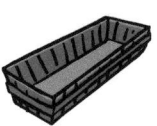

abrevadero
....
teknő

lechera
....
tejes kancsó

saco
....
zsák

valla
....
kerítés

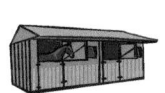

establo
....
istálló

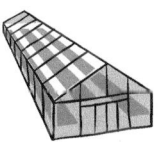

invernadero
....
üvegház

suelo
....
talaj

semilla
....
vetőmag

fertilizador
....
trágya

cosechadora
....
cséplőgép

cosechar

szüretelni

cosecha

betakarítás

ñame

yamgyökér

trigo

búza

soja

szója

patata

burgonya

maíz

kukorica

semilla de colza

repcemag

árbol frutal

gyümölcsfa

mandioca

manióka

cereales

gabona

casa
ház

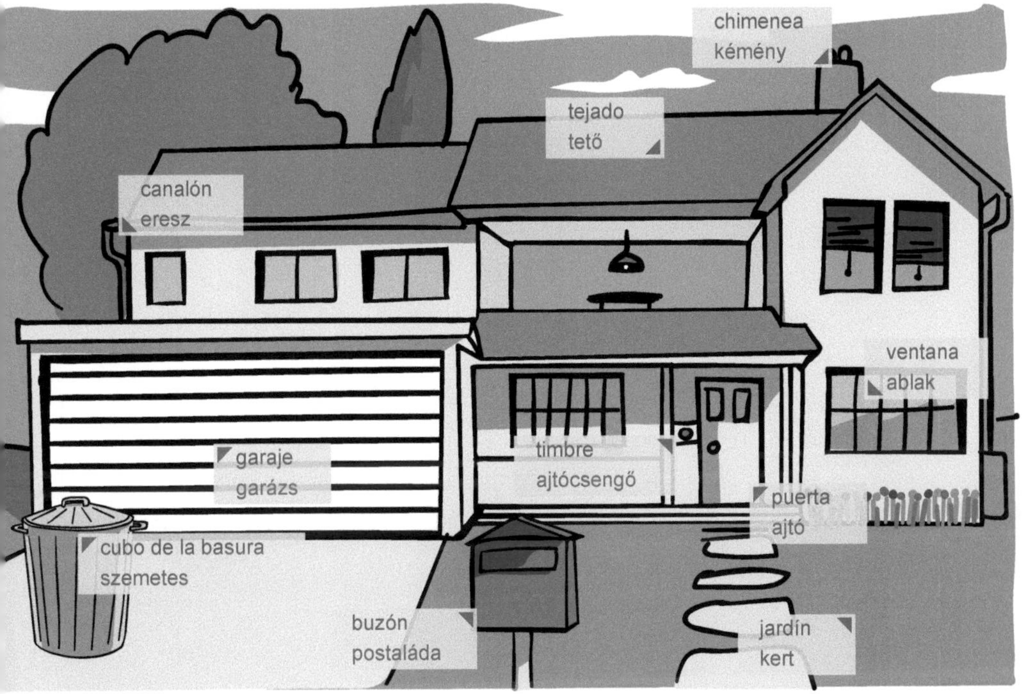

chimenea
kémény
tejado
tető
canalón
eresz
ventana
ablak
timbre
ajtócsengő
garaje
garázs
puerta
ajtó
cubo de la basura
szemetes
buzón
postaláda
jardín
kert

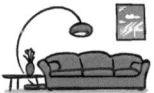

sala

nappali

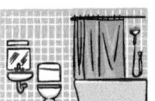

cuarto de baño

fürdőszoba

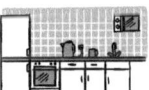

cocina

konyha

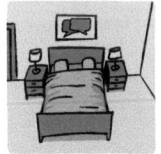

dormitorio

hálószoba

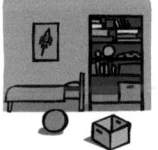

habitación de los niños

gyerekszoba

comedor

ebédlő

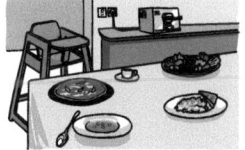

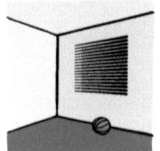

suelo

padló

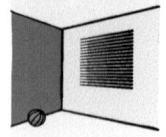

pared

fal

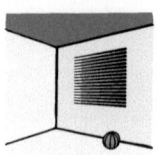

techo

plafon

sótano

pince

sauna

szauna

balcón

erkély

terraza

terasz

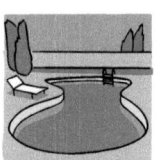

piscina

medence

cortacésped

fűnyíró

sábana

lepedő

colcha

ágytakaró

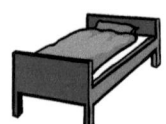

cama

ágy

escoba

seprű

balde

vödör

interruptor

kapcsoló

sala
nappali

papel pintado
tapéta
imagen
kép
lámpara
lámpa
estante
polc
armario
szekrény
televisión
televízió
chimenea
kandalló
flor
virág
cojín
párna
sofá
kanapé
jarrón
váza
mando a distancia
távirányító

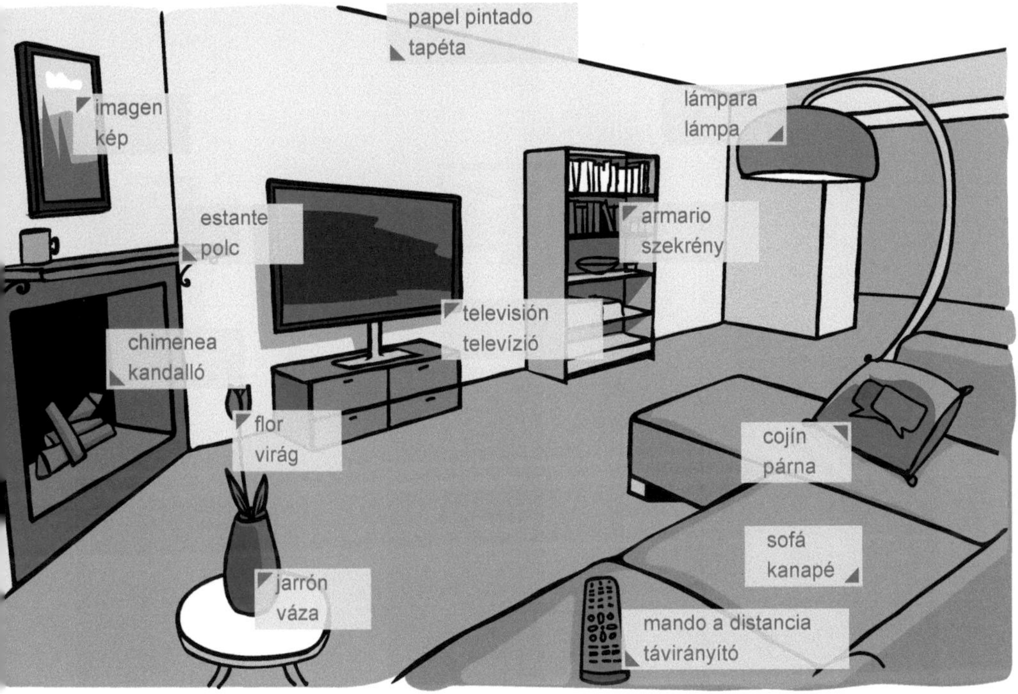

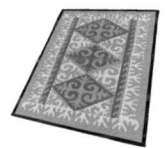

alfombra
szőnyeg

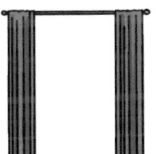

cortina
függöny

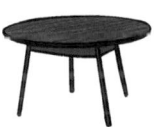

mesa
asztal

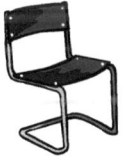

silla
szék

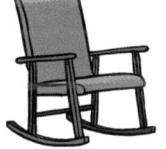

mecedora
hintaszék

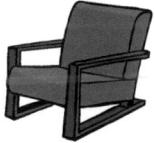

butaca
karosszék

libro

könyv

manta

takaró

decoración

dekoráció

leña

tűzifa

película

film

equipo de música

hifi

llave

kulcs

periódico

újság

pintura

festmény

póster

poszter

radio

rádió

cuaderno

jegyzetfüzet

aspiradora

porszívó

cactus

kaktusz

vela

gyertya

cocina
konyha

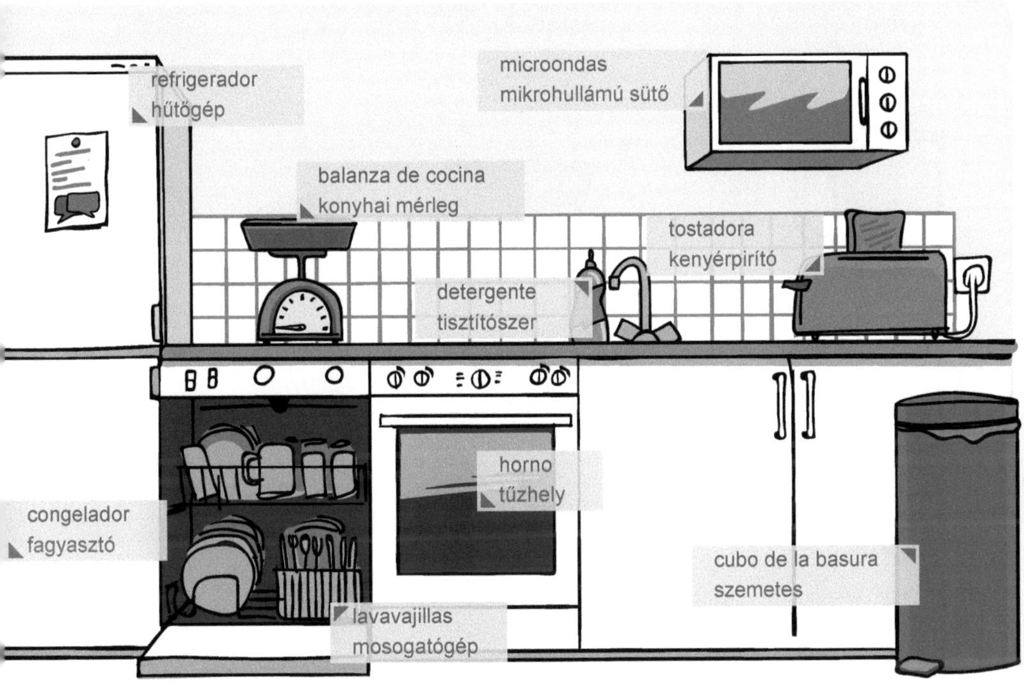
refrigerador
hűtőgép
microondas
mikrohullámú sütő
balanza de cocina
konyhai mérleg
tostadora
kenyérpirító
detergente
tisztítószer
horno
tűzhely
congelador
fagyasztó
cubo de la basura
szemetes
lavavajillas
mosogatógép

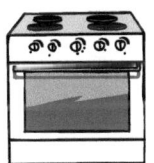

olla a presión
....
tűzhely

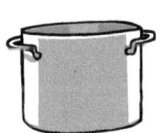

olla
....
edény

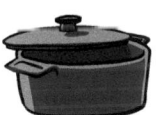

olla de hierro fundido
....
vasfazék

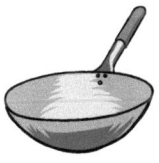

wok / karahi
....
wok / kadai

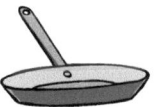

cazuela
....
serpenyő

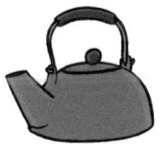

hervidor
....
vízforraló

vaporera

pároló

chapa de horno

tepsi

vajilla

étkészlet

taza

bögre

tazón

tálka

palillos

evőpálcika

cucharón

merőkanál

espumadera

keverőlapátka

batidor

habverő

colador

szűrő

cedazo

szita

rallador

reszelő

mortero

mozsár

barbacoa

grillsütő

hoguera

kandalló

cocina - konyha

tabla de picar

vágódeszka

rodillo

sodrófa

sacacorchos

dugóhúzó

lata

doboz

abrelatas

konzervnyitó

agarrador

edényfogó

lavabo

mosogató

cepillo

kefe

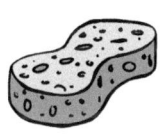

esponja

szivacs

batidora

turmixgép

congelador

mélyhűtő

biberón

cumisüveg

grifo

csap

cuarto de baño
fürdőszoba

calefacción
fűtés
toalla
törölköző
ducha
zuhany
cortina de la ducha
zuhanyfüggöny
baño de espuma
habfürdő
bañera
kád
lavadora
mosógép
vaso
pohár
grifo
csap
baldosas
csempe
orinal
bili
lavabo
mosogató

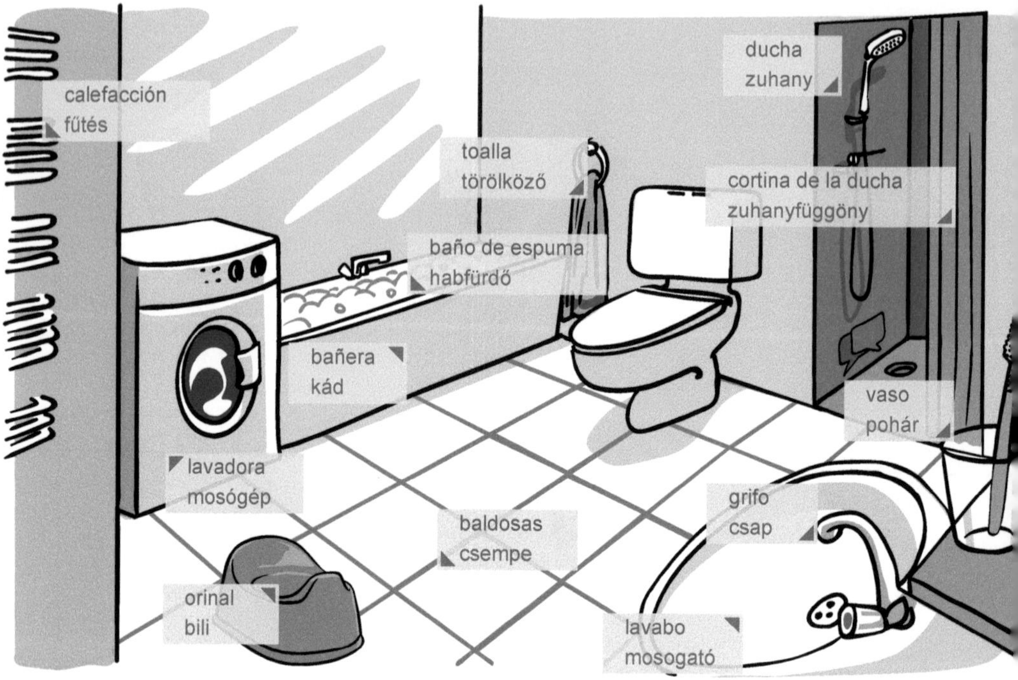

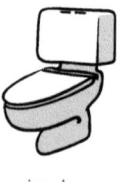

inodoro

toalett

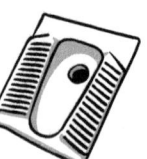

inodoro rústico

guggolós toalett

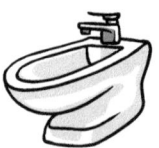

bidé

bidé

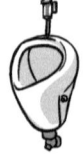

urinario

piszoár

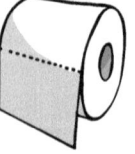

papel higiénico

toalett papír

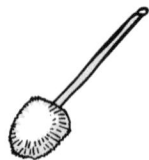

escobilla del váter

wc kefe

cepillo de dientes

fogkefe

pasta de dientes

fogkrém

hilo dental

fogselyem

lavar

mosni

ducha de mano

kézi zuhany

ducha íntima

intimzuhany

pila

mosdótál

cepillo de espalda

hátmosó kefe

jabón

szappan

gel de ducha

tusfürdő

champú

sampon

toallita

mosdókesztyű

desagüe

lefolyó

crema

krém

desodorante

dezodor

espejo

tükör

espejo de tocador

kézitükör

maquinilla de afeitar

borotva

espuma de afeitar

borotvahab

loción postafeitado

borotválkozás utáni
arcszesz

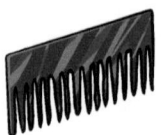

peine

fésű

cepillo

hajkefe

secador

hajszárító

laca

hajlakk

maquillaje

smink

pintalabios

ajakrúzs

pintauñas

körömlakk

algodón

vatta

cortauñas

körömvágó olló

perfume

parfüm

estuche de viaje
neszesszer

banqueta
sámli

balanza
mérleg

albornoz
köntös

guantes de goma
gumikesztyű

tampón
tampon

compresa
egészségügyi betét

inodoro químico
vegyi WC

habitación de los niños
gyerekszoba

despertador
ébresztő óra
peluche
plüssállat
coche de juguete
játékautó
sonajero
csörgő
casa de muñecas
babaház
regalo
ajándék

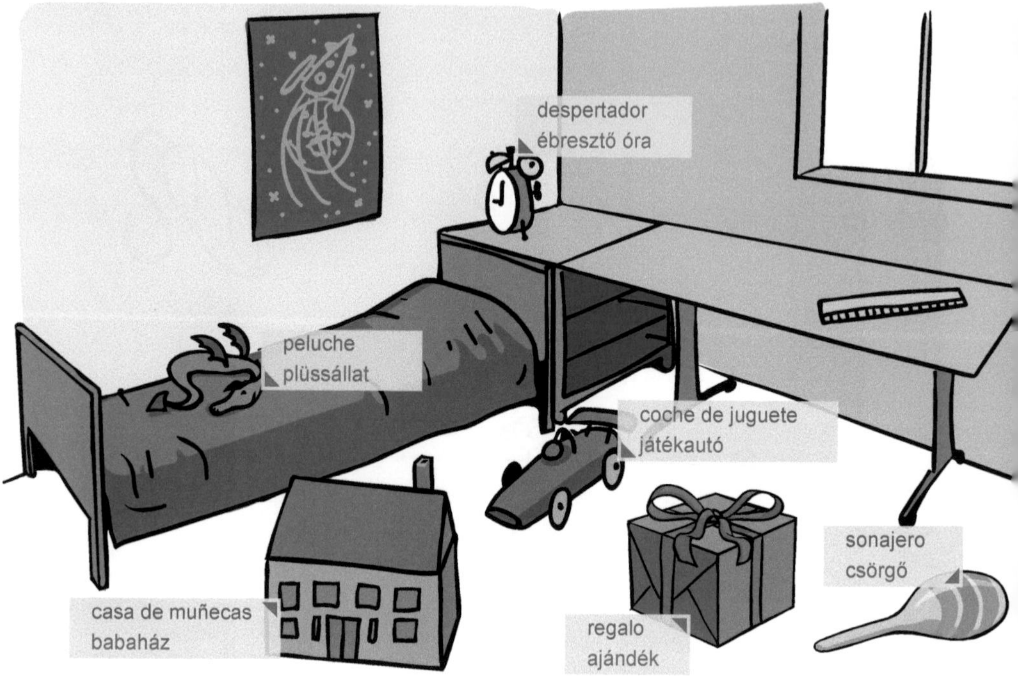

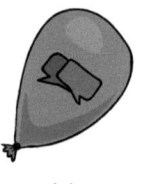

globo

lufi

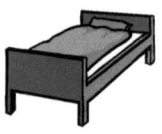

cama

ágy

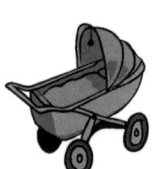

coche de niño

babakocsi

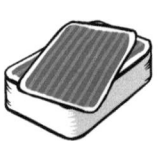

naipes

kártyapakli

puzle

kirakós játék

SUPER
MEGA

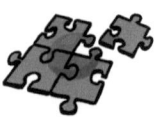

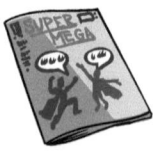

tebeo

képregény

piezas de lego

építőkockák

bloques de juguete

építőelem

figura de acción

szuperhős

bodi (de bebé)

rugdalózó

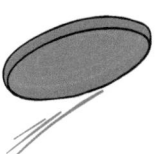

frisbee

frizbi

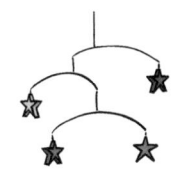

colgador móvil para bebés

zenélő forgó

juego de mesa

társasjáték

dados

kocka

circuito de tren eléctrico

modellvasút

maniquí

cumi

fiesta

zsúr

álbum de fotos

képeskönyv

pelota

labda

muñeca

baba

jugar

játszani

cajón de arena

homokozó

columpio

hinta

juguetes

játékok

videoconsola

videójáték konzol

triciclo

tricikli

oso de peluche

teddi maci

guardarropa

ruhásszekrény

ropa

ruházat

calcetines

zokni

medias

harisnya

leotardos

harisnyanadrág

bufanda
sál

paraguas
esernyő

camiseta
póló

cinturón
öv

botas
csizma

zapatillas
papucs

deportivas
tornacipő

sandalias
szandál

zapatos
cipő

botas de goma
gumicsizma

slip
alsónadrág

sostén
melltartó

chaleco
mellény

bodi

body

pantalones

nadrág

vaqueros

farmer

falda

szoknya

blusa

blúz

camisa

ing

jersey

pulóver

suéter

kapucnis pulóver

blazer

blézer

chaqueta

dzseki

abrigo

kabát

gabardina

esőkabát

traje

kosztüm

vestido

ruha

vestido de novia

esküvői ruha

traje
öltöny

camisón
hálóing

pijama
pizsama

sari
szári

bandana
fejkendő

turbante
turbán

burka
burka

caftán
kaftán

abaya
abaya

traje de baño
fürdőruha

bañador
fürdőnadrág

pantalones cortos
rövidnadrág

chándal
tréningruha

delantal
kötény

guantes
kesztyü

botón
gomb

gafas
szemüveg

brazalete
karkötő

collar
nyaklánc

anillo
gyűrű

pendiente
fülbevaló

gorra
sapka

percha
vállfa

sombrero
kalap

corbata
nyakkendő

cremallera
cipzár

casco
bukósisak

tirantes
nadrágtartó

uniforme escolar
iskolai egyenruha

uniforme
egyenruha

babero
....
előke

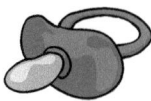

maniquí
....
cumi

pañal
....
pelenka

oficina

iroda

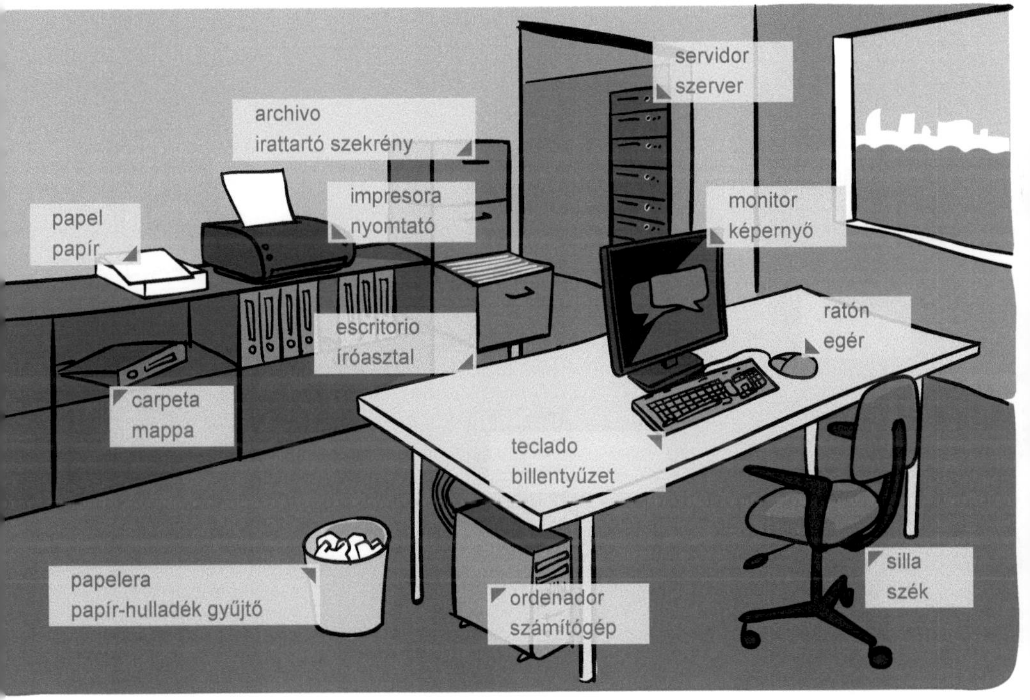

servidor
szerver

archivo
irattartó szekrény

impresora
nyomtató

monitor
képernyő

papel
papír

escritorio
íróasztal

ratón
egér

carpeta
mappa

teclado
billentyűzet

papelera
papír-hulladék gyűjtő

ordenador
számítógép

silla
szék

taza de café
....
kávéscsésze

calculadora
....
számológép

internet
....
internet

portátil

laptop

carta

levél

mensaje

üzenet

móvil

mobiltelefon

red

hálózat

fotocopiadora

fénymásoló

software

szoftver

teléfono

telefon

toma de corriente

konnektor

fax

faxgép

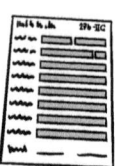

formulario

formanyomtatvány

documento

dokumentum

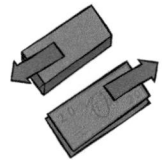

comprar
venni

pagar
fizetni

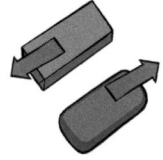

comerciar
kereskedni

dinero
pénz

USD

dólar
dollár

EUR

euro
euró

JPY

yen
jen

RUB

rublo
rubel

CHF

franco suizo
svájci frank

CNY

renminbi yuan
kínai jüan

INR

rupia
rúpia

cajero automático
bankautomata

oficina de cambio de divisas

valutaváltó iroda

oro

arany

plata

ezüst

petróleo

olaj

energía

energia

precio

ár

contrato

szerződés

impuesto

adó

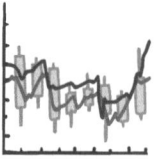

acción

részvény

trabajar

dolgozni

empleado

munkavállaló

empleador

munkaadó

fábrica

gyár

tienda

üzlet

economía - gazdaság

agente de policía
rendőr

bombero
tűzoltó

cocinero
szakács

médico
orvos

piloto
pilóta

jardinero

kertész

carpintero

kárpitos

costurera

varrónő

juez

bíró

farmacéutico

vegyész

actor

színész

conductor de autobús

buszsofőr

taxista

taxisofőr

pescador

halász

señora de la limpieza

bejárónő

techador

tetőfedő

camarero

pincér

cazador

vadász

pintor

festő

panadero

pék

electricista

villanyszerelő

obrero

építőmunkás

ingeniero

mérnök

carnicero

hentes

fontanero

vízvezeték-szerelő

cartero

postás

soldado
katona

arquitecto
építész

cajero
eladó

florista
virágos

peluquero
fodrász

revisor
kalauz

mecánico
műszerész

capitán
kapitány

dentista
fogorvos

científico
tudós

rabino
rabbi

imán
imám

monje
szerzetes

sacerdote
lelkész

herramientas
szerszámok

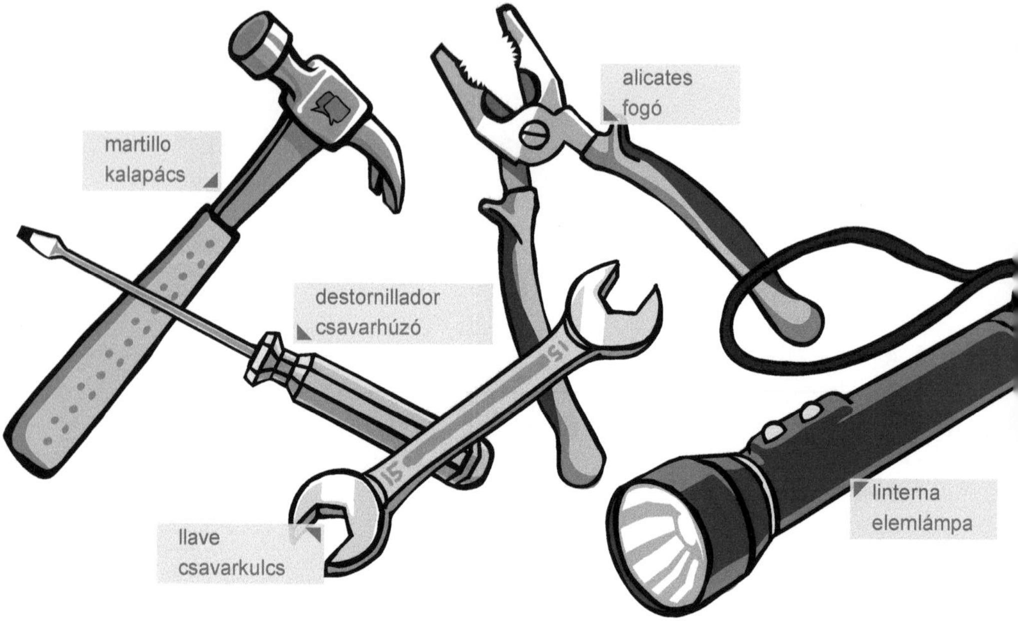
martillo
kalapács
alicates
fogó
destornillador
csavarhúzó
llave
csavarkulcs
linterna
elemlámpa

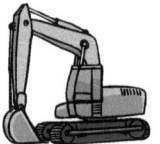

excavadora

markológép

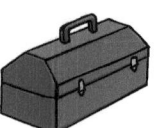

caja de herramientas

szerszámosláda

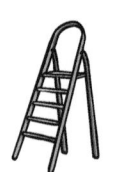

escalera de mano

vödör

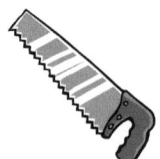

sierra

fűrész

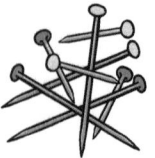

clavos

szög

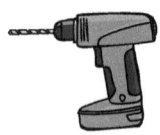

taladro

fúrógép

reparar
megjavítani

pala
lapát

¡Maldita sea!
A francba!

recogedor
szemétlapát

bote de pintura
festékesdoboz

tornillos
csavar

instrumentos musicales
hangszerek

batería
dobfelszerelés

altavoz
hangszóró

contrabajo
nagybőgő

trompeta
trombita

guitarra
gitár

piano
zongora

violín
hegedű

bajo
basszusgitár

timbales
üstdob

tambor
dobok

teclado
digitális zongora

saxofón
szaxofon

flauta
fuvola

micrófono
mikrofon

zoo

állatkert

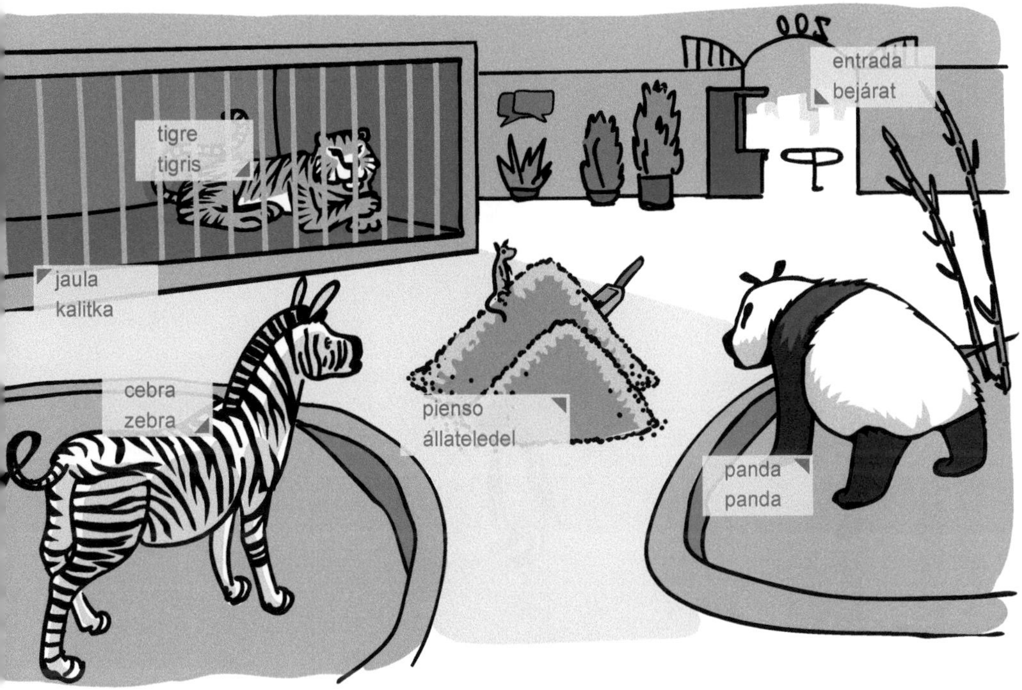
tigre
tigris
entrada
bejárat
jaula
kalitka
cebra
zebra
pienso
állateledel
panda
panda

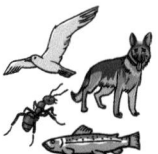

animales

állatok

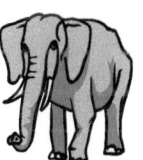

elefante

elefánt

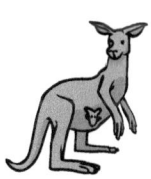

canguro

kenguru

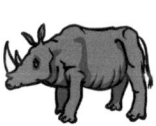

rinoceronte

orrszarvú

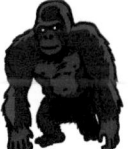

gorila

gorilla

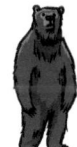

oso

medve

camello

teve

avestruz

strucc

león

oroszlán

mono

majom

flamingo

flamingó

loro

papagáj

oso polar

jegesmedve

pingüino

pingvin

tiburón

cápa

pavo real

páva

serpiente

kígyó

cocodrilo

krokodil

guardián de zoológico

állatgondozó

foca

fóka

jaguar

jaguár

poni
....
póniló

leopardo
....
leopárd

hipopótamo
....
víziló

jirafa
....
zsiráf

águila
....
sas

jabalí
....
vaddisznó

pescado
....
hal

tortuga
....
teknős

morsa
....
rozmár

zorro
....
róka

gacela
....
gazella

zoo - állatkert

61

fútbol americano
amerikai futball

ciclismo
kerékpározás

tenis
tenisz

baloncesto
kosárlabda

natación
úszás

boxeo
boksz

hockey sobre hielo
jégkorong

fútbol

futball

bádminton

tollas

atletismo

atlétika

balonmano

kézilabda

esquí

síelés

polo

lovaspóló

actividades
tevékenységek

reír
nevetni
saltar
ugrani
abrazar
ölelni
caminar
sétálni
cantar
énekelni
soñar
álmodni
rezar
dicsérni
besar
csókolni

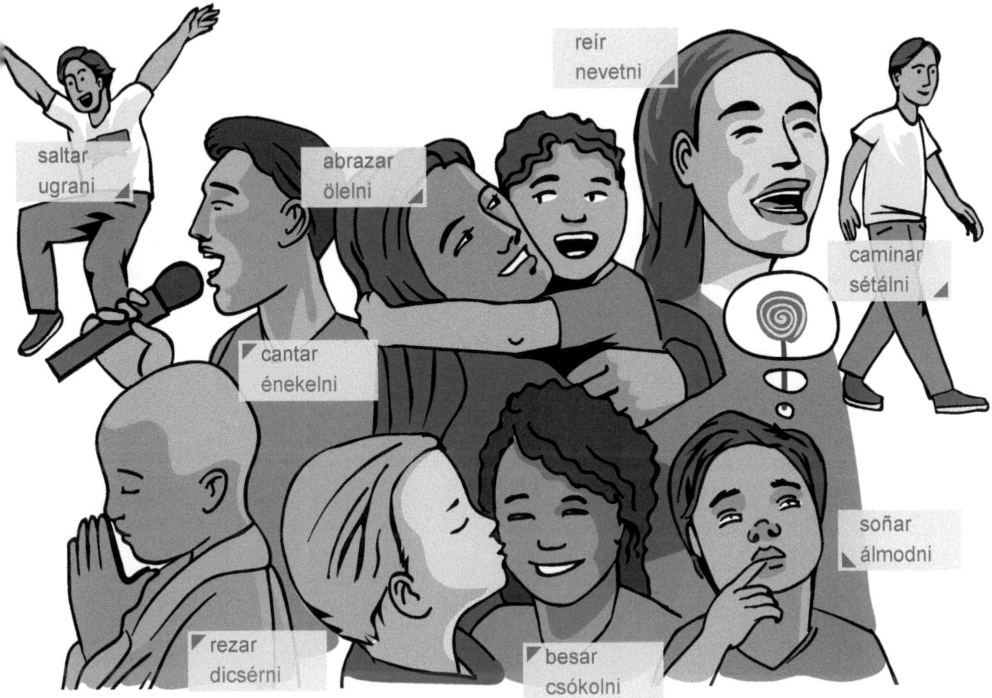

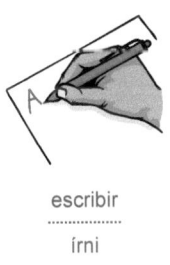

escribir

írni

dibujar

rajzolni

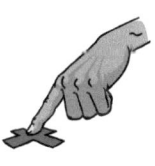

mostrar

mutatni

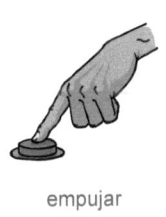

empujar

tolni

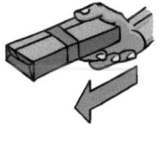

dar

adni

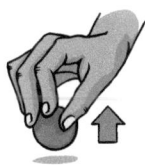

tomar

vinni

tener
birtokolni

hacer
csinálni

ser
lenni

estar de pie
állni

correr
futni

tirar
húzni

tirar
hajít

caer
esni

yacer
hazudni

esperar
várni

llevar
vinni

estar sentado
ülni

vestirse
felvenni

dormir
aludni

despertar
felébredni

mirar

ránézni

llorar

sírni

acariciar

simogat

peinar

fésülni

hablar

beszélni

entender

megérteni

preguntar

kérdezni

escuchar

hallgatni

beber

inni

comer

enni

ordenar

takarítani

amar

szeretni

cocinar

főzni

conducir

vezetni

volar

szállni

navegar

vitorlázni

calcular

számol

leer

olvasni

aprender

tanulni

trabajar

dolgozni

casarse

házasodni

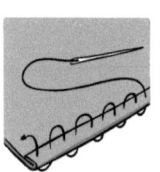

coser

varrni

cepillarse los dientes

fogat mosni

matar

ölni

fumar

dohányozni

enviar

küldeni

familia
család

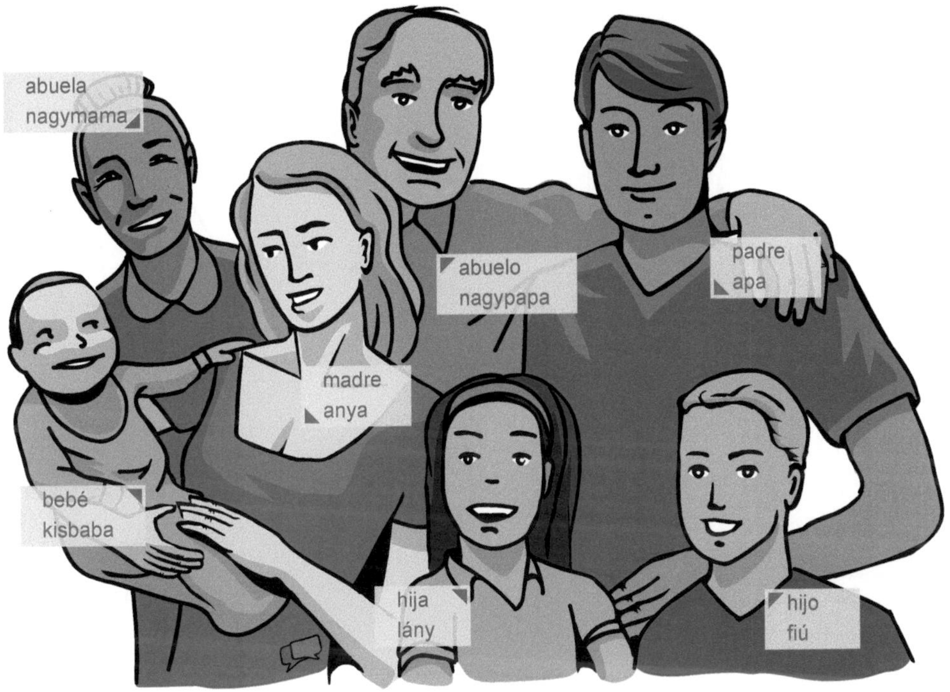

abuela
nagymama
abuelo
nagypapa
padre
apa
madre
anya
bebé
kisbaba
hija
lány
hijo
fiú

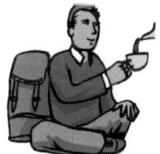

invitado

vendég

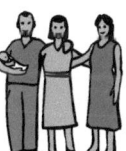

tía

nagynéni

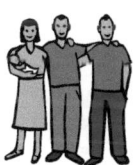

tío

nagybácsi

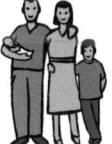

hermano

fiútestvér

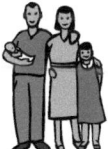

hermana

lánytestvér

cuerpo

test

frente
homlok
ojo
szem
hombro
váll
dedo
ujj
cara
arc
barbilla
áll
mano
kéz
pecho
mell
pierna
láb
brazo
kar

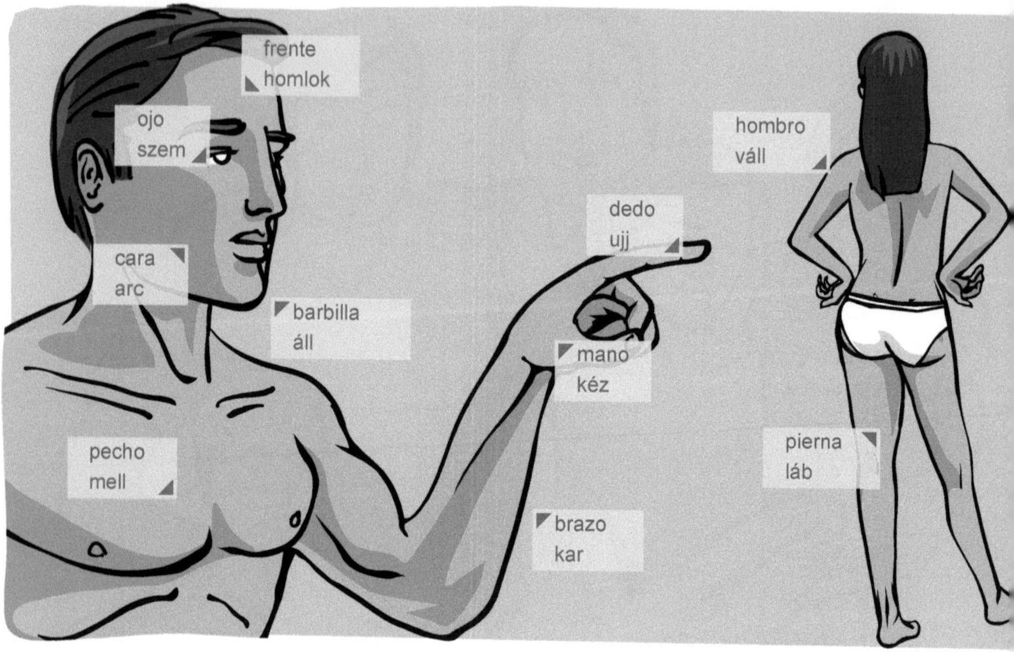

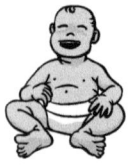

bebé

kisbaba

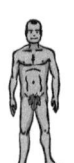

hombre

ember

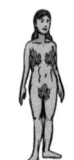

mujer

nő

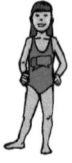

chica

lány

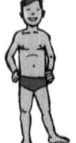

chico

fiú

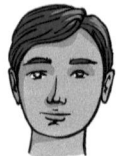

cabeza

fej

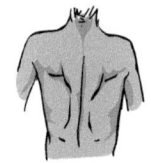

espalda

hát

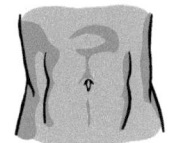

vientre

has

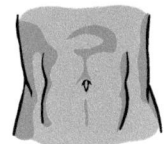

ombligo

köldök

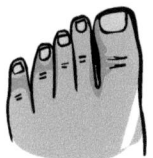

dedo del pie

lábujj

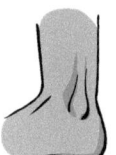

talón

sarok

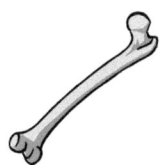

hueso

csont

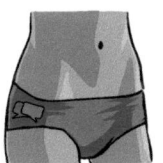

cadera

csípő

rodilla

térd

codo

könyök

nariz

orr

trasero

fenék

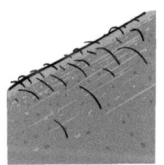

piel

bőr

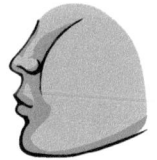

mejilla

orca

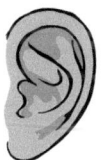

oído

fül

labio

ajak

boca
....
száj

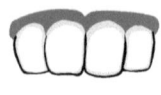

diente
....
fog

lengua
....
nyelv

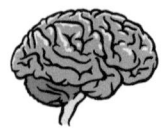

cerebro
....
agy

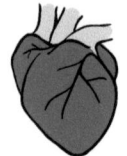

corazón
....
szív

músculo
....
izom

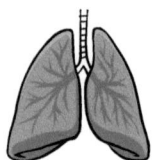

pulmón
....
tüdő

hígado
....
máj

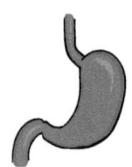

estómago
....
gyomor

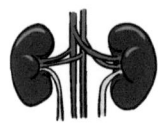

riñones
....
vese

sexo
....
szex

condón
....
kondom

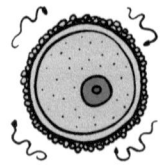

ovario
....
petesejt

semen
....
sperma

embarazo
....
terhesség

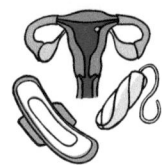

menstruación

menstruáció

vagina

vagina

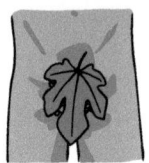

pene

pénisz

ceja

szemöldök

pelo

haj

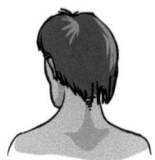

cuello

nyak

hospital
kórház

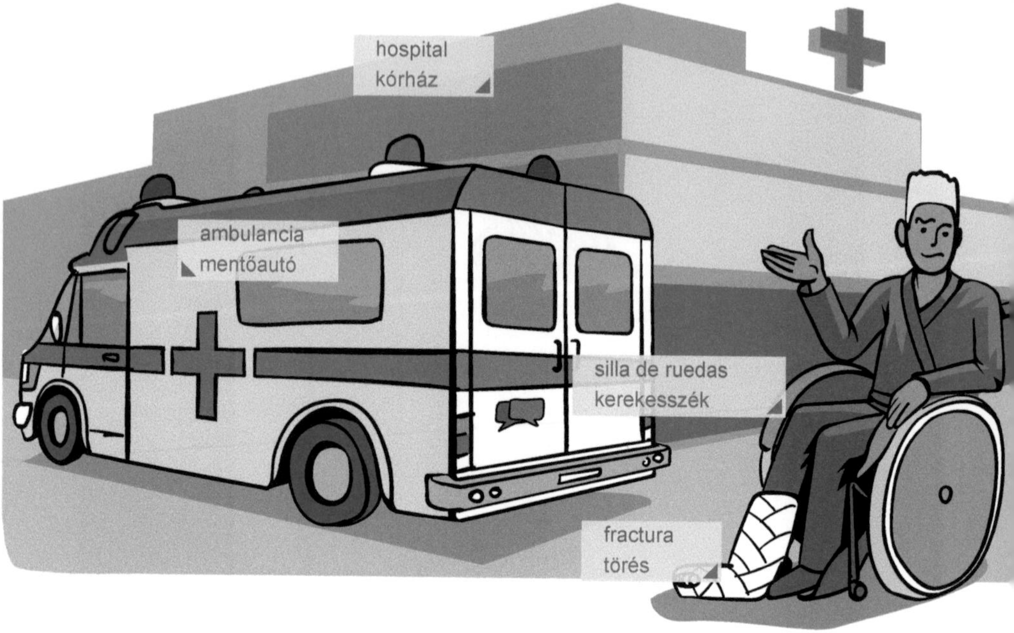

hospital
kórház
ambulancia
mentőautó
silla de ruedas
kerekesszék
fractura
törés

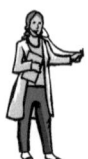

médico

orvos

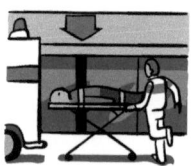

sala de urgencias

sürgősségi osztály

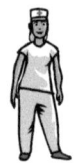

enfermera

ápoló

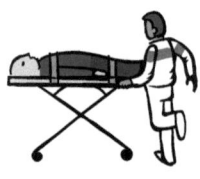

urgencia

vészhelyzet

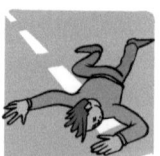

inconsciente

eszméletlen

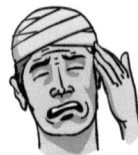

dolor

fájdalom

lesión

sérülés

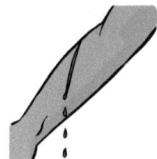

hemorragia

vérzés

infarto

szívroham

ictus

szélütés

alergia

allergia

tos

köhögés

fiebre

láz

gripe

influenza

diarrea

hasmenés

dolor de cabeza

fejfájás

cáncer

rák

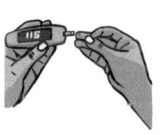

diabetes

cukorbetegség

cirujano

sebész

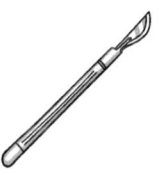

bisturí

szike

operación

műtét

TAC

CT

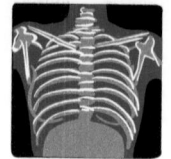

rayos x

röntgen

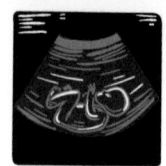

ultrasonido

ultrahang

mascarilla

arcmaszk

enfermedad

betegség

sala de espera

váróterem

muleta

mankó

tirita

sebtapasz

venda

kötszer

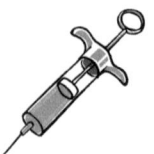

inyección

injekció

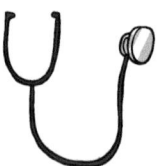

estetoscopio

sztetoszkóp

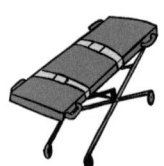

camilla

hordágy

termómetro

klinikai hőmérő

nacimiento

születés

sobrepeso

túlsúly

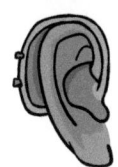

audífono

hallókészülék

desinfectante

fertőtlenítőszer

infección

fertőzés

virus

vírus

VIH / SIDA

HIV/AIDS

medicina

orvosság

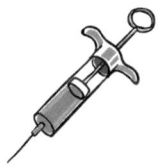

vacunación

oltás

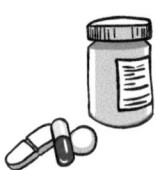

tabletas

tabletták

pastilla

tabletta

llamada de urgencia

sürgősségi hívás

tensiómetro

vérnyomásmérő

enfermo / sano

betegség / egészség

¡Socorro!

Segítség!

alarma

riasztás

asalto

rajtaütés

ataque

támadás

peligro

veszély

salida de emergencia

vészkijárat

¡Fuego!

tűz!

extintor de incendios

tűzoltókészülék

accidente

baleset

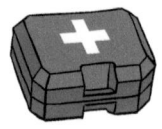

botiquín de primeros
auxilios
elsősegélycsomag

SOS

SOS

policía

rendőrség

Europa

Európa

Norteamérica

Észak-Amerika

Sudamérica

Dél-Amerika

África

Afrika

Asia

Ázsia

Australia

Ausztrália

Atlántico

Atlanti-óceán

Pacífico

Csendes-óceán

Océano Índico

Indiai óceán

Océano Antártico

Déli-óceán

Océano Ártico

Jeges-tenger

polo norte

Északi-sark

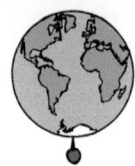

polo sur

Déli-sark

Antártida

Antarktisz

tierra

föld

tierra

szárazföld

mar

tenger

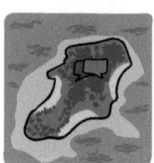

isla

sziget

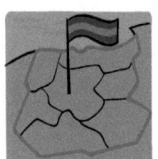

nación

nemzet

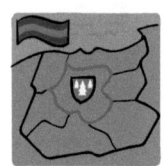

estado

állam

esfera

számlap

manecilla de las horas

kismutató

minutero

nagymutató

segundero

másodpercmutató

¿Qué hora es?

Mennyi az idő?

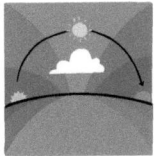

día

nap

tiempo

idő

ahora

most

reloj digital

digitális óra

minuto

perc

hora

óra

semana

hét

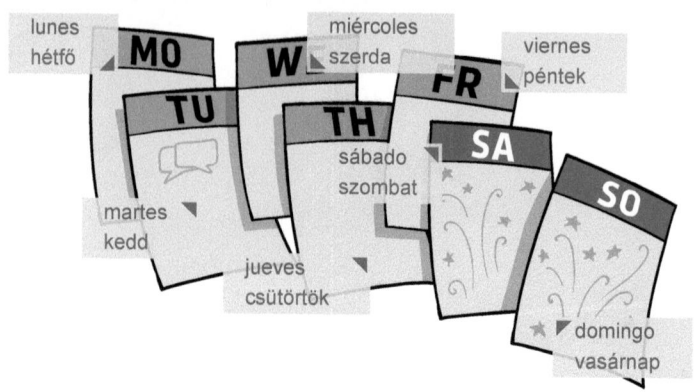

lunes
hétfő

miércoles
szerda

viernes
péntek

martes
kedd

sábado
szombat

jueves
csütörtök

domingo
vasárnap

ayer
....
tegnap

hoy
....
ma

mañana
....
holnap

mañana
....
reggel

mediodía
....
dél

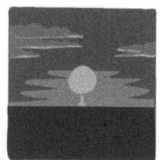

tarde
....
este

MO	TU	WE	TH	FR	SA	SU
1	2	3	4	5	6	7
8	9	10	11	12	13	14
15	16	17	18	19	20	21
22	23	24	25	26	27	28
29	30	31	1	2	3	4

días laborables
....
hétköznap

MO	TU	WE	TH	FR	SA	SU
1	2	3	4	5	6	7
8	9	10	11	12	13	14
15	16	17	18	19	20	21
22	23	24	25	26	27	28
29	30	31	1	2	3	4

fin de semana
....
hétvége

lluvia
eső

arcoíris
szivárvány

nieve
hó

viento
szél

primavera
tavasz

otoño
ősz

verano
nyár

invierno
tél

4.APRIL	11°	☀
5.APRIL	4°	🌧
6.APRIL	13°	☁
7.APRIL	8°	☀
8.APRIL	10°	☀

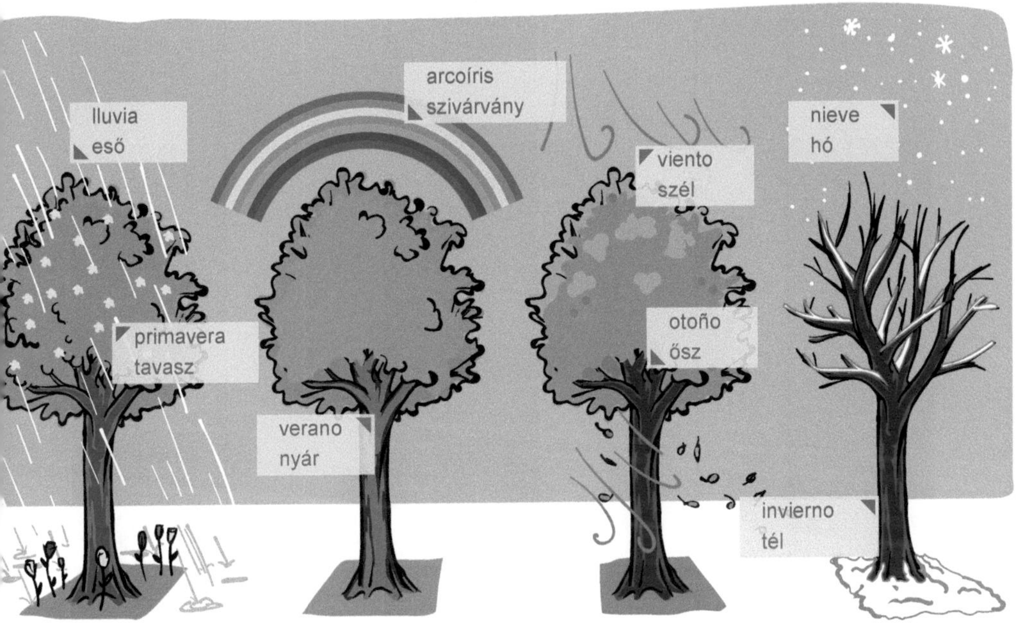

pronóstico del tiempo

időjárás előrejelzés

termómetro

hőmérő

sol

napsütés

nube

felhő

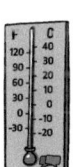

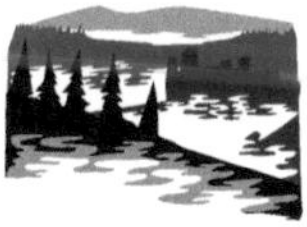

niebla

köd

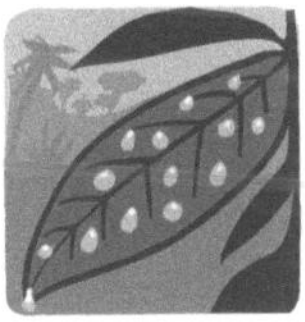

humedad

páratartalom

rayo

villámlás

trueno

mennydörgés

tormenta

vihar

granizo

jégeső

monzón

monszun

inundación

áradás

hielo

jég

enero

január

febrero

február

marzo

március

abril

április

mayo

május

junio

június

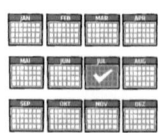

julio

július

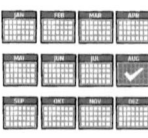

agosto

augusztus

año - év

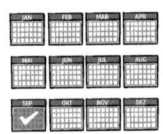

septiembre

szeptember

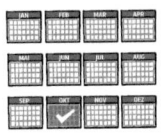

octubre

október

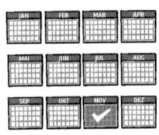

noviembre

november

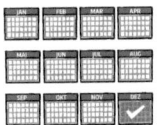

diciembre

december

formas
alakzatok

círculo

kör

cuadrado

négyzet

rectángulo

téglalap

triángulo

háromszög

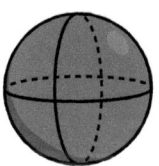

esfera

gömb

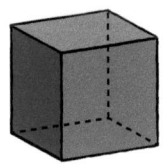

cubo

kocka

blanco
....
fehér

amarillo
....
sárga

anaranjado
....
narancs

rosa
....
rózsaszín

rojo
....
piros

morado
....
lila

azul
....
kék

verde
....
zöld

marrón
....
barna

gris
....
szürke

negro
....
fekete

mucho / poco

sok / kevés

enojado / tranquilo

mérges / nyugodt

bonito / feo

szép / csúnya

principio / fin

kezdet / vég

grande / pequeño

nagy / kicsi

claro / oscuro

világos / sötét

hermano / hermana

fivér / nővér

limpio / sucio

tiszta / koszos

completo / incompleto

teljes / nem teljes

día / noche

nappal / éjszaka

muerto / vivo

halott / élő

ancho / estrecho

széles / keskeny

comestible / no comestible

ehető / nem ehető

malo / amable

gonosz / kedves

entusiasmado / aburrido

izgatott / unott

gordo / delgado

kövér / vékony

primero / último

első / utolsó

amigo / enemigo

barát / ellenség

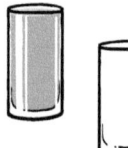

lleno / vacío

teli / üres

duro / blando

kemény / puha

pesado / ligero

nehéz / könnyű

hambre / sed

éhség / szomjúság

enfermo / sano

betegség / egészség

ilegal / legal

illegális / legális

inteligente / tonto

intelligens / buta

izquierda / derecha

bal / jobb

cerca / lejos

közel / távol

opuestos - ellentétek

nuevo / usado

új / használt

nada / algo

semmi / valami

viejo / joven

idős / fiatal

encendido / apagado

be / ki

abierto / cerrado

nyitva / zárva

silencioso / ruidoso

csendes / hangos

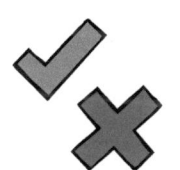

rico / pobre

gazdag / szegény

correcto / incorrecto

helyes / helytelen

áspero / suave

érdes / sima

triste / contento

szomorú / vidám

corto / largo

rövid / hosszú

lento / rápido

lassú / gyors

húmedo / seco

nedves / száraz

cálido / frío

meleg / hideg

guerra / paz

háború / béke

opuestos - ellentétek

0	**1**	**2**
cero	uno	dos
nulla	egy	kettő

3	**4**	**5**
tres	cuatro	cinco
három	négy	öt

6	**7**	**8**
seis	siete	ocho
hat	hét	nyolc

9	**10**	**11**
nueve	diez	once
kilenc	tíz	tizenegy

12	**13**	**14**
doce	trece	catorce
tizenkettő	tizenhárom	tizennégy

15	**16**	**17**
quince	dieciséis	diecisiete
tizenöt	tizenhat	tizenhét

18	**19**	**20**
dieciocho	diecinueve	veinte
tizennyolc	tizenkilenc	húsz

100	**1.000**	**1.000.000**
cien	mil	millón
száz	ezer	millió

inglés

angol

inglés americano

amerikai angol

chino mandarín

mandarin kínai

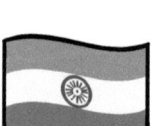

hindi

hindi

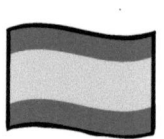

español

spanyol

francés

francia

árabe

arab

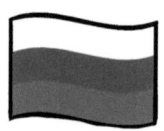

ruso

orosz

portugués

portugál

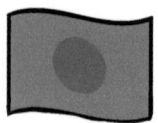

bengalí

bengáli

alemán

német

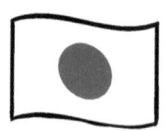

japonés

japán

90

yo

én

tú

te

él / ella / ello

ő

nosotros/as

mi

vosotros/as

ti

ellos/as

ők

¿quién?

ki?

¿qué?

mi?

¿cómo?

hogyan?

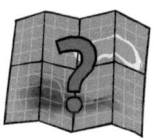

¿dónde?

hol?

¿cuándo?

mikor?

nombre

név

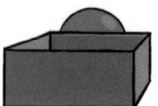

detrás
....
mögött

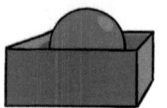

en
....
benne

delante de
....
elötte

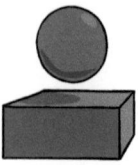

por encima de
....
felette

sobre
....
rajta

debajo de
....
alatta

junto a
....
mellett

entre
....
között

lugar
....
hely